AF227745

LA
FORTUNE DE LA FRANCE

CONFÉRENCE FAITE A LA SORBONNE

SOUS LES AUSPICES DE LA SOCIÉTÉ DE STATISTIQUE DE PARIS

PAR

Alf. DE FOVILLE

CHEF DU BUREAU DE STATISTIQUE ET LÉGISLATION COMPARÉE AU MINISTÈRE DES FINANCES
PROFESSEUR A L'ÉCOLE DES SCIENCES POLITIQUES
PROFESSEUR SUPPLÉANT AU CONSERVATOIRE DES ARTS ET MÉTIERS
VICE-PRÉSIDENT DE LA SOCIÉTÉ DE STATISTIQUE DE PARIS

Extrait du *Journal de la Société de statistique de Paris,* novembre 1883.

NANCY

IMPRIMERIE BERGER-LEVRAULT ET Cie

11, RUE JEAN-LAMOUR, 11

1883

LA FORTUNE DE LA FRANCE

Mesdames, Messieurs,

Je vais ce soir vous parler millions, centaines de millions, milliards, voire même centaines de milliards; et, si nous n'étions pas en l'an de grâce 1883, je devrais peut-être m'excuser de venir remuer tant d'argent devant un auditoire qui n'est sans doute pas exclusivement composé de millionnaires. Mais, en y réfléchissant un peu, j'ai reconnu que ce serait, par le temps qui court, un scrupule superflu. Il se fait autour de nous de millions et de milliards une telle consommation que ces gros mots-là ne font plus peur à personne. Le million est dans toutes les bouches — je ne dis pas dans toutes les bourses — et le milliard même tend à devenir la monnaie courante du langage. Voyez ce qui se passe au théâtre : le théâtre est le miroir des mœurs, miroir grossissant, je le veux bien, mais généralement fidèle; eh bien, au théâtre, autrefois, le jeune premier se trouvait suffisamment grand seigneur lorsqu'au valet qu'il voulait corrompre ou à la soubrette qu'il prétendait séduire il avait jeté une bourse où quelques jetons de cuivre simulaient des louis d'or. Il n'en serait pas aujourd'hui quitte à si bon marché. Vous savez que, dans la *Princesse de Bagdad*, M. Alexandre Dumas ne croyait pas pouvoir offrir à Mlle Croisette, pour ébranler ses vertus, moins d'un million, un million tout en or, un million en or vierge; et de fait, il fallait bien cela pour ne pas paraître trop mesquin après cette joyeuse fantaisie des *Trente millions de Gladiator*, où le richissime Américain mis en scène par Labiche payait 100,000 fr., sur le coin d'un trottoir, un parapluie d'occasion.

Je m'applique, vous le voyez, à réduire ici à leur plus simple expression et monseigneur le million et son altesse le milliard. J'ai pour cela mes raisons. Dans les calculs un peu osés que l'on m'a invité à venir développer ce soir devant vous, ce n'est pas seulement le total qui se chiffrera par milliers de millions. Toute estimation approximative, toute probabilité chiffrée comporte une certaine marge et fait d'avance une part à l'erreur : il y a des évaluations qui se font à un centime près, d'autres à 1 fr. près, d'autres à 100 fr. près... Or, dans l'espèce, je dois, pour ne point vous prendre en traître, vous avouer tout d'abord que je m'estimerais heureux de pouvoir résoudre le problème posé *à dix ou quinze milliards près*.

Vous me direz que c'est se contenter de peu. Vous allez voir, au contraire, Messieurs, qu'en me déclarant satisfait si j'arrive à déterminer mon inconnue à une douzaine de milliards près, je me montre encore assez présomptueux; car il y a de bien autres écarts dans les diverses évaluations qui ont été proposées de nos jours par les quelques statisticiens ou publicistes qui ont déjà abordé la question.

Vous allez en juger.

Jean-Baptiste Say, sous la Restauration, évaluait, au Conservatoire des arts et métiers, la richesse immobilière de la France à 60 milliards et sa richesse mobilière à 60 milliards aussi, total 120 milliards. C'était trop pour l'époque.

M. Maurice Block, en 1873, croyait pouvoir « hasarder » (c'est son mot), comme mesure approximative des progrès de la richesse en France, les indications que voici (1) :

DATES.	PROPRIÉTÉ immobilière.		CAPITAL mobilier.	
1820. . . .	40 milliards.		15 milliards.	
1840. . . .	»		40	—
1847. . . .	100	— (minim.)	»	
1850. . . .	»		45	—
1860. . . .	»		114	—
1869. . . .	»		150	—
1873. . . .	120	— (minim.)	»	

En additionnant les deux derniers chiffres du tableau, on aurait un total de 270 milliards. Mais M. Block n'a pas fait l'addition, et je suis convaincu que, de la part d'un si habile statisticien, ce n'est point oubli, mais précaution, pour ne point avoir à se prononcer sur la délicate question des doubles emplois, certaines valeurs ayant, comme le maître Jacques d'Harpagon, deux habits, dont l'un les fait meubles et l'autre immeubles.

M. le Dr Vacher, M. Alcide Amelin, M. S. Mony, M. le duc d'Ayen, n'ont pas eu les mêmes timidités. Ils divisent en dix, quinze, vingt chapitres leur inventaire estimatif de la fortune publique et répondent nettement à toutes les questions qui se trouvent ainsi posées.

Les calculs de M. le Dr Vacher, que la Société de statistique s'honore de compter au nombre de ses anciens présidents, datent de 1878 et montent à 260 milliards (2).

Ceux de notre excellent collègue, M. Amelin, sont de la même époque et donnent 240 milliards (3).

Ceux de M. Mony, ancien député, ancien directeur des mines et forges de Commentry, se trouvent dans son *Étude sur le travail*, œuvre d'un esprit distingué et d'une âme vraiment chrétienne. La première édition est de 1877, et le capital national y était limité à 200 milliards. Une deuxième édition, très amplifiée, a paru en 1881 et porte le chiffre à 216 milliards (4).

Quant à M. le duc d'Ayen, son addition monte à 195 milliards : elle se trouve annexée, comme pièce justificative, à une courte brochure de 1872, brochure où il y a plus à apprendre que dans bien des in-folio (5).

Citons encore une estimation qui se recommande par la haute compétence de l'auteur, mais qui remonte à 1871. C'est M. Wolowski qui évaluait alors à 175 milliards la fortune de la France.

Je vous demande, Messieurs, la permission d'écrire ces chiffres devant vous : vos yeux épargneront ainsi à votre mémoire un effort inutile.

---

(1) Voir le *Dictionnaire de la politique,* au mot FRANCE, p. 1057.

(2) Voir le *Journal de la Société de statistique* de novembre 1878, p. 281.

(3) Voir l'*Écho agricole* des 22, 23, 24, 25, 26, 27, 29, 30 août, 2, 5 et 6 septembre 1878.

(4) Dans cette deuxième édition, M. Mony reconnaît, avec beaucoup de bonne grâce, une erreur assez grave que M. de Foville s'était permis de signaler dans ses calculs. Il avoue qu'il s'est trompé ; seulement, l'aveu fait, il persévère dans son erreur, ce qui diminue évidemment la valeur de ses conclusions.

(5) *Revenu, salaire et capital ; leur solidarité.* Guillaumin, 1872.

AUTEURS.	DATES.	RICHESSE immobilière.	RICHESSE mobilière.	RICHESSE totale.
		milliards.	milliards.	milliards.
M. Block	1873	120	150	»
M. le Dr Vacher . . .	1878	216	44	260
M. A. Amelin	1878	135	105	240
M. S. Mony	1881	115	101	216
M. le duc d'Ayen. . .	1872	100	95	195
M. Wolowski	1871	120	55	175

Voilà, certes, d'énormes écarts, et cependant les hommes que je viens de citer ont tous acquis, à des degrés divers, une autorité qui ne permet pas d'écarter leurs conclusions sans examen (1).

Et les divergences que je viens de vous faire voir ne sont rien encore à côté de celles qui vont surgir, si nous donnons maintenant la parole aux statisticiens amateurs.

M. Élisée Reclus, dans sa *Géographie de la France*, capitalise au denier vingt, sans trop dire pourquoi, les 25 milliards de revenus qu'on nous attribue souvent (2), et M. le Dr Talandier, député de Paris, n'hésite pas à considérer les 500 milliards ainsi obtenus comme une évaluation, au moins plausible, de la somme des capitaux actuellement possédés par les Français (3), oubliant que si, en effet, leurs revenus additionnés atteignent 25 milliards, plus de la moitié de ce chiffre représente des salaires conquis au jour le jour par le travail individuel et non des intérêts de capitaux accumulés : à ce compte, il faudrait dire à l'ouvrier qui gagne et dépense 250 fr. par mois qu'il a une fortune de 60,000 fr., ce qui l'étonnerait bien.

C'est de la part d'un grave législateur une grave distraction que de capitaliser ainsi, pêle-mêle, des intérêts et des salaires, et il ne me paraît pas inutile de dénoncer en passant ce sophisme, le but du Dr Talandier, dans ses recherches sur l'importance du capital national, paraissant être de voir ce que donnerait à chaque Français cette fameuse liquidation sociale que certains candidats réclament les jours d'élections et qui consisterait tout d'abord dans le partage des biens. La confusion que nous venons de surprendre dans les calculs de MM. Reclus et Talandier entre les produits du travail et ceux du capital proprement dit entraînerait peut-être les syndics éventuels de cette grande liquidation à partager les hommes eux-mêmes, en même temps que les biens, et cette menace de vivisection, renouvelée du roi Salomon, n'a rien de rassurant pour ceux qui en seraient l'objet.

Les 500 milliards d'Élisée Reclus ne sont pas encore le *nec plus ultra* des statisticiens amateurs. Un ingénieur, M. Sciama, va plus loin : il compte 400 milliards de richesse immobilière et 200 milliards de richesse mobilière, total 600 milliards.

De pareilles fantaisies, Messieurs, n'ont rien de bien surprenant dans la bouche d'un ingénieur, comme M. Sciama, d'un géographe, comme M. Reclus, ou d'un médecin, comme M. Talandier. Elles prouvent seulement qu'ils n'avaient pas étudié sérieusement la question et qu'on ne s'improvise pas plus statisticien que médecin, géographe ou ingénieur...

Ce qui serait plus grave, s'il y fallait voir autre chose qu'une simple boutade,

---

(1) On n'a cité ici que les auteurs qui ont tenté l'évaluation de la fortune *totale* de la France *en capital*. Parmi ceux qui ont cherché à se rendre compte du *revenu total* des Français ou de l'importance de la *richesse mobilière* ou *immobilière* seulement, nous nommerons MM. de Parieu, Roy, Casimir Périer, Teisserenc de Bort, Leroy-Beaulieu, Vignes...

(2) Voir *Nouvelle Géographie universelle*, t. II, p. 885.

(3) Voir le *Journal officiel* du 29 janvier 1878, p. 810.

c'est l'interruption lancée un jour par M. Thiers, en pleine Assemblée nationale, au milieu d'un discours de notre regretté maître et fondateur, M. Wolowski. C'était le 22 décembre 1871. On discutait l'impôt sur le revenu, et M. Wolowski disait :

« Quelle est la richesse de la France ? C'est un grand problème qui demande une « étude attentive et sérieuse. Ceux qui y ont consacré leur vie doivent déclarer « qu'ils ne peuvent pas apporter un chiffre précis, qu'ils ne peuvent fournir qu'un « chiffre approximatif. Que la fortune de la France soit aujourd'hui de 150 ou « 200 milliards, c'est là ce que personne ne peut affirmer d'une manière absolue; « mais l'étude des éléments de la fortune publique de la France porte ceux qui se « sont occupés de cette question à la croire comprise entre 150 et 200 milliards. »

M. le Président de la République. — Personne ne peut le savoir.

M. Wolowski. — C'est pour cela que je mets une marge de 50 milliards.

Et M. Thiers de s'écrier tout en colère :

« Vous pourriez en mettre une de 500 milliards ! »

M. Thiers, Messieurs, n'aimait pas les sciences que nous aimons, ce qui venait peut-être de ce que, toutes les fois qu'il s'était attaqué à elles, il avait fini par avoir le dessous. M. Thiers a dit de l'économie politique : « Ce n'est pas une science; c'est seulement un genre de littérature plus ennuyeux que les autres. » C'était très spirituel et très injuste. De la statistique il disait, avec non moins d'esprit et non moins d'injustice : « C'est l'art de préciser ce qu'on ignore. »

Il ne m'en coûte pas de rappeler ces épigrammes : elles n'ont tué ni l'économie politique, ni la statistique. Et celle qui vise la statistique ne saurait m'atteindre ce soir, puisque je me suis interdit d'avance, dans l'évaluation que je poursuis, l'apparence même de la précision.

Cet impôt général sur le revenu, qu'on discutait à Versailles en décembre 1871 et qui y trouva plus d'adversaires que de partisans, existe, vous le savez, dans plusieurs pays de l'Europe; et ces pays-là — ceux du moins où la fraude ne dépasse pas une certaine mesure — ont pour chiffrer l'importance de leurs ressources nationales des facilités qui nous font défaut. Je sais même un ou deux de nos collègues de la Société de statistique qui, de leur propre aveu, eussent voté l'impôt sur le revenu rien que pour voir ce qu'il aurait donné et pour en tirer certaines conséquences.

L'Angleterre, elle, a l'*income-tax* et les statisticiens d'outre-Manche savent s'en servir. L'éminent et aimable directeur des services statistiques du *Board of trade* a publié, il y a peu d'années, en utilisant principalement, comme Dudley Baxter, les rôles de l'*income-tax*, un remarquable travail sur les progrès de la richesse en Angleterre : *On recent accumulation of capital in the United Kingdom* (1). Il serait trop long d'analyser ici ce savant mémoire que d'ailleurs une partie de ceux qui m'écoutent ont certainement lu et relu; mais je crois utile d'en rapprocher les résultats de ceux que nous allons tout à l'heure indiquer nous-même en ce qui concerne la France.

Le chiffre total auquel arrivait, en 1878, M. Robert Giffen, était à peu près de 215 milliards de francs, y compris le domaine public (10 milliards), et non compris les rentes sur l'État (17 milliards). Le total des fortunes particulières de l'An-

---

(1) Voir la livraison du *Journal de la Société de statistique de Londres* de mars 1878. La traduction intégrale de cet important document a paru dans le *Bulletin de statistique et législation comparée du Ministère des finances*, livraisons de février, mars et avril 1878.

gleterre monterait donc à 220 milliards, chiffre rond, et voici quelle en serait la répartition par nature de valeurs :

Terres	50 milliards de francs.
Propriété bâtie.	36 — —
Capital de l'agriculture.	17 — —
Capital des industries anglaises : chemins de fer, mines, sociétés financières	31 — —
Capital du commerce et des professions industrielles .	17 — —
Placements mobiliers, y compris rentes, créances. .	32 — —
Placements à l'étranger	13 — —
Meubles, collections (numéraire ?).	17 — —
Autres valeurs non classées.	7 — —
Ensemble	220 — —

Cette évaluation se rapproche beaucoup, comme total, de quelques-unes de celles qui ont été proposées pour la France. Elle suffirait, à elle seule, à réfuter les fantaisies de MM. Sciama, Reclus et autres. Il n'est que trop certain que la France n'est pas deux fois riche comme le Royaume-Uni ; mais il peut n'y avoir qu'une faible différence, parce que la supériorité territoriale de la France compense la supériorité industrielle et commerciale de l'Angleterre.

La France, ai-je dit, n'a pas l'*income-tax*, et les statisticiens peuvent le regretter ; mais elle a l'impôt sur le capital...

J'étonne peut-être, en disant que nous avons l'impôt sur le capital, ceux qui savent que M. Ménier a passé les dix dernières années d'une vie laborieuse à réclamer cet impôt et qu'il est mort, comme Moïse, sans avoir touché la terre promise.

L'impôt sur le capital dont nous jouissons n'est pas celui que rêvait M. Ménier. C'est un impôt intermittent. Le capital n'est pas taxé directement lorsqu'il reste en repos ; mais, lorsqu'il change de mains, soit du vivant du propriétaire quand il y a vente ou don, soit après décès, le fisc intervient et saisit au vol un morceau de ce capital en mouvement. Les droits de mutation, comme on les appelle, sont un véritable impôt sur le capital et, quand il s'agit de supputer la valeur collective de tous les capitaux dont les Français disposent, il est tout naturel d'interroger cette taxe.

Ce n'est pas aux droits de vente que nous nous adresserons, parce que les ventes de meubles échappent en grande partie à l'impôt et que la vente est d'ailleurs, sauf exception, un acte volontaire, ne comportant aucune périodicité : nous connaissons tous telles propriétés de famille qui, depuis cent ans et plus, n'ont jamais été vendues.

Les droits de succession, au contraire, frappent toutes les formes du capital et reviennent trop souvent, hélas ! les frapper. Il y a donc là une base possible d'évaluation. Entre la fortune totale des Français et la portion de cette fortune qui change de mains chaque année pour cause de décès, il doit forcément y avoir et il y a, en effet, un rapport à peu près constant.

Mais quel est ce rapport ? Voilà la première question qui se pose. Par quel chiffre faut-il multiplier l'annuité successorale pour remonter à la somme totale des capitaux ?

Ce coefficient, Messieurs, n'est pas la *vie moyenne*, comme l'avaient cru à tort MM. Mony, Bailleux de Marisy et autres, mais ce que j'ai appelé la *survie moyenne des héritiers aux « de cujus »*, c'est-à-dire le nombre d'années qui, en moyenne, sépare le moment où chacun a hérité des biens qu'il possède du moment où il les laissera à son tour à ses successeurs.

Il est clair, par exemple, que, si tous ceux qui possèdent possédaient pendant 30 ans ou pendant 40 ans et mouraient ensuite, l'annuité successorale représenterait $\frac{1}{30}$ ou $\frac{1}{40}$ de l'ensemble des fortunes transmissibles.

Mais, en fait, cette survie moyenne, cette moyenne durée des possessions héréditaires, quelle est-elle ?

J'ai rompu à ce sujet quelques lances avec M. Vacher, mais je ne fais ici allusion à cette polémique que pour constater l'accord au moins relatif auquel nous sommes arrivés. Le chiffre que j'avais déduit d'une enquête administrative était de 36 ou 35 ans. Cette enquête indique qu'en France les immeubles changent de mains, en moyenne, tous les 20 ou 19 ans, savoir par voie d'aliénation tous les 45 ans et par suite par décès tous les 36 ou 35 ans (1).

On peut aussi demander la solution du problème aux statistiques démographiques, parce que la survie moyenne se trouve être la même chose que la durée des générations, durée qui peut se mesurer par l'âge moyen des pères et mères à la naissance des enfants. De ce mode de calcul, MM. Rümelin et Gœhlert, en Allemagne, déduisaient, comme moi, un chiffre de 36 ou 35 ans (2). M. le Dr Vacher, lui, avait d'abord proposé 31 ans (3). Il a depuis lors, à notre demande même, recommencé et publié ses calculs, et son chiffre actuel est de 33 ans, 3 générations par siècle (4).

Vous voyez, Messieurs, que nous n'aurions qu'un pas à faire chacun pour nous rejoindre : nous nous rencontrerions alors à 34. Cependant je crois encore 35 préférable, et j'en ai développé ailleurs les motifs.

Il me va donc falloir multiplier l'annuité successorale par 34, si je transige; par 35, si je résiste.

Cette annuité, elle est indiquée dans les comptes de l'administration des finances et le tableau que voici en montre la progression depuis le milieu du siècle :

ANNÉES.	VALEUR EN CAPITAL des successions annuellement taxées. millions de francs.	ANNÉES.	VALEUR EN CAPITAL des successions annuellement taxées. millions de francs.
1851	1,831	1867	3,322
1852	2,047	1868	3,455
1853	2,016	1869	3,637
1854	2,006	1870	3,372
1855	2,407 (max.)	1871	5,011 (max.)
1856	2,194	1872	3,951
1857	2,141	1873	3,712
1858	2,568	1874	3,932
1859	2,443	1875	4,254
1860	2,724 (max.)	1876	4,702
1861	2,463	1877	4,438
1862	2,680	1878	4,758
1863	2,741	1879	5,004
1864	2,996	1880	5,263
1865	3,029	1881	4,914
1866	3,272	1882	5,027

(1) Une mutation entre vifs tous les 45 ans et une mutation par décès tous les 36 ans font, en s'ajoutant, une mutation tous les 20 ans, car en 900 ans, on en aurait 45, dont 25 par décès et 20 entre vifs

(2) Voir le *Journal des économistes* d'avril 1881, p. 96.

(3) Voir le *Journal de la Société de statistique* de novembre 1878, p. 296.

(4) Voir le *Journal de la Société de statistique* de juin 1882, p. 148.

De 2 milliards en 1850, elle monte en trente ans à 5 milliards. La progression, il est vrai, semble assez capricieuse ; mais les caprices mêmes en sont explicables. Par exemple, les années 1855, 1860, 1871 présentent des maxima qui correspondent aux mortalités exceptionnelles que la guerre de Crimée, la guerre d'Italie et enfin la guerre franco-allemande (1) ont fait subir à la population adulte de la France.

La brusque augmentation de 1875 vient d'une autre cause : elle s'explique par la loi du 21 juin 1875 qui décide que les immeubles ruraux compris dans les successions seront désormais évalués, pour le calcul des droits de mutation, à 25 fois et non plus 20 fois leur valeur locative.

Quoi qu'il en soit, l'annuité successorale semble osciller actuellement autour de 5 milliards.

Mais avant de multiplier ce chiffre par 34 ou 35, il y a quelque chose à y ajouter. Je veux parler des donations entre vifs. Ces mutations-là ne sont, à bien peu d'exceptions près, que des avancements d'hoiries, des successions anticipées. Voilà des parents qui dotent leur fille : ce qu'elle reçoit ainsi de son vivant, elle le trouvera en moins dans la succession de ses parents. Les donations ne sont ainsi, dans la plupart des cas, qu'une dérivation du courant successoral, et, pour bien faire, il faut ici l'y ramener.

Voici les résultats annuels de cette restitution, depuis 1878 :

ANNÉES.	VALEURS EN CAPITAL.		
	Successions taxées.	Donations taxées.	Totaux.
—	millions de fr.	millions de fr.	millions de fr.
1878	4,758	1,054	5,812
1879	5,004	1,103	6,107
1880	5,263	1,117	6,380
1881	4,914	1,089	6,003
1882	5,027	1,046	6,073

Il faut donc, comme chiffre rond, prendre 6 milliards au lieu de 5. Multiplions maintenant par 34 ou 35 et nous aurons 204 milliards dans un cas, 210 milliards dans l'autre. Telle serait donc, à l'époque présente, la valeur totale de ceux des capitaux français qui, possédés par des particuliers, passent tour à tour sous les fourches caudines de l'enregistrement : 204 ou 210 milliards. Élargissons encore un peu la marge et disons que la valeur totale des capitaux héréditairement transmissibles doit être d'au moins 200 milliards et de 220 milliards au plus.

Telle est, en effet, Messieurs, l'évaluation que je crois la plus vraisemblable, la plus rationnelle ; c'est celle aussi qui me semble concorder le mieux avec les données directes que nous possédons sur quelques-uns des éléments de ce respectable total.

Ainsi, la grande enquête dont l'administration des contributions directes vient d'imprimer les résultats (2), porte à plus de 90 milliards (91,584,000,000 fr.) la va-

---

(1) Les héritiers ont six mois pour déclarer les successions, et l'administration accorde quelquefois un délai supplémentaire pour l'acquittement des droits : voilà pourquoi c'est la masse successorale de 1860 et celle de 1871 qui se trouvent respectivement grossies par la guerre d'Italie et par la guerre franco-allemande. Il est mort 660,000 Français de plus en 1870 et 1871 qu'en 1869 et 1872.

(2) Voir le *Bulletin de statistique et législation comparée* de février 1883, p. 129.

leur vénale des 50 millions d'hectares de propriétés non bâties (50,035,000 sur 52,857,000) actuellement soumis à la contribution foncière, soit une valeur moyenne de 1,830 fr. par hectare, et sur certains points, les évaluations officielles restent volontairement en deçà de la vérité (1).

Le sol français non bâti, en y ajoutant les parties non imposables, vaut donc, ou du moins valait encore il y a quelques années, une centaine de milliards. C'est deux fois la valeur du sol des Iles Britanniques. L'enquête précédente, celle de 1851, faisait ressortir à 1,291 fr., au lieu de 1,830 fr., la valeur moyenne de l'hectare. La plus-value en trente ans aurait donc été de près de 42 p. 100.

La propriété bâtie imposable représentait, elle, en 1851, avec l'Alsace et la Lorraine, mais sans Nice et la Savoie, 20 milliards (20,047,000,000 fr.). Elle n'a pas été évaluée en 1880; mais on peut affirmer que l'augmentation est là plus forte encore que pour la terre, parce que les constructions deviennent plus nombreuses en même temps qu'elles augmentent de valeur. De 7,509,000 en 1841, le nombre des maisons, usines, etc., s'est élevé à 8,813,000 en 1881, soit 17 p. 100 de plus, et l'accroissement est double (35 p. 100) sur le nombre des fenêtres. C'est qu'en effet entre les maisons du temps passé et celles qui peuplent aujourd'hui nos villes, nos grandes villes surtout, il y a à peu près la même différence, comme dimensions et comme prix, qu'entre les galères d'Henri IV et les cuirassés de M. Dupuy de Lôme. Paris seul, en 1880, comportait pour 580 millions de valeurs locatives et notre savant secrétaire général, M. Toussaint Loua, nous en a donné naguère le curieux détail (2). Une valeur locative de 580 millions, en maisons, suppose une valeur vénale de près de 10 milliards. En combinant avec ces éléments d'autres données tirées du rendement respectif de la propriété bâtie ou non bâtie à l'égard de la contribution foncière et des droits de mutation, on arrive à chiffrer à environ 30 milliards la valeur des constructions imposables.

La richesse immobilière taxée atteindrait donc en France une valeur, en capital, de 130 milliards.

Nous sommes loin des 200 et tant de milliards de M. le Dr Vacher, mais j'ai tout lieu de croire qu'il a lui-même reconnu depuis longtemps l'extrême exagération de cette estimation partielle.

De 210, ôtez 130 : reste, pour la partie mobilière des fortunes, 80 milliards, et ce chiffre n'a rien d'invraisemblable avec 25 et quelques milliards de fonds d'États, français et étrangers, un chiffre au moins égal de titres mobiliers d'autre nature (l'impôt de 3 p. 100 donne, on le sait, plus de 40 millions), de 5 à 10 milliards d'or et d'argent, etc...

La richesse mobilière attribuée au peuple anglais par M. Giffen est très supérieure, mais ce n'est qu'une vraisemblance de plus.

Le chiffre de 210 milliards résiste donc assez bien aux attaques qu'on pourrait diriger contre lui, de droite ou de gauche, et je m'en tiendrais là, si la méthode même qui me l'a fourni ne pouvait suggérer certaines objections au-devant desquelles je veux aller.

Ces objections portent sur le chiffre de 6 milliards qui, dans mes calculs de tout

---

(1) C'est ainsi que le sol des propriétés bâties y est seulement évalué sur le pied des terres labourables.

(2) Voir le *Journal de la Société de statistique de Paris* de février 1880.

à l'heure, représentait le *quantum* des successions ou donations annuellement taxées. J'ai pris ce chiffre dans les écritures de la comptabilité publique. C'est un chiffre officiel, comme on dit. Seulement de la vérité officielle à la vérité vraie, il y a quelquefois loin. Est-ce le cas ici ?

Les causes possibles d'erreur, dans l'espèce, seraient les suivantes :

1° Les dissimulations frauduleuses de matière imposable, qui peuvent réduire le chiffre réel des mutations;

2° La non-déduction du passif qui le grossit indûment ;

3° La taxation supplémentaire des usufruits qui conduit au même résultat;

4° Le mode d'évaluation imposé par la loi, qui, selon les cas, atténue ou exagère le prix vrai des immeubles.

Un mot de chacune de ces causes possibles d'erreur, mais un mot seulement, car le sujet devient aride, et je tiens à être bref.

D'abord les dissimulations frauduleuses.

On en a très souvent exagéré l'importance. Elles ne peuvent porter, ne l'oublions pas, que sur les valeurs mobilières et seulement sur une faible partie de ces valeurs. Toutes les valeurs nominatives, toutes les valeurs inventoriées et bien d'autres encore vont d'elles-mêmes au-devant des investigations du fisc.

Par contre, je ne fais aucune difficulté de reconnaître qu'il y a des cas où le fisc est trompé. Supposez un fils unique qui trouve dans la caisse de son père défunt de l'or, de l'argent, des billets de banque, des titres ou effets quelconques au porteur : il est évident que, s'il les omet dans sa déclaration, il y a de grandes chances pour qu'il le fasse impunément. Et alors la tentation peut être assez vive, l'économie étant certaine et le risque à peu près nul. Il se peut même qu'à agir de la sorte l'héritier n'éprouve aucun scrupule. Je connais, et vous aussi bien certainement, des gens qui ne se consoleraient point d'avoir fait tort de 50 centimes à leur voisin et qui, au contraire, se frottent joyeusement les mains quand ils ont pu soustraire au Trésor tout ou partie de ce dont, aux termes des lois de finances, ils lui seraient redevables.

On trouve toujours, quand on le veut, des raisons, bonnes ou mauvaises, à se donner comme excuses. Un contribuable très récalcitrant et très réactionnaire auquel, dans une circonstance de ce genre, je rappelais le précepte évangélique: « Rendez à César... » me répondait : « Rendre à César, c'était bon sous l'Empire, mais maintenant nous sommes en République. » Il y a malheureusement des considérations plus sérieuses à l'usage de ceux qui se font les avocats, intéressés ou non, de cette variété de contrebande. La force prime encore si souvent le droit et l'équité dans notre régime fiscal que la fraude devient parfois, de la part du contribuable, une revanche presque légitime. Vous héritez d'une maison qui est louée 10,000 fr., qui en vaut 150,000 et qui est hypothéquée pour 125,000; c'est hériter de 25,000 fr. net. Eh bien ! vous allez être taxé sur le pied de 200,000 fr. (10,000 × 20), soit, au cas de non-parenté, 22,500 fr. d'impôt sur un actif réel de 25,000, soit 90 p. 100. Est-ce que l'héritier, trouvant dans cette maison un rouleau d'or ou des billets de banque, ne ferait pas preuve d'un véritable héroïsme en allant grossir volontairement le tribut évidemment usuraire et abusif que la loi lui impose ? Et, si on le traitait de fraudeur, ne pourrait-il pas affirmer que c'est l'État qui a commencé ? Ah ! voyez-vous, Messieurs, tant que la loi ne deviendra pas absolument honnête, elle ne pourra jamais être absolument respectée.

Donc, je ne nie pas les fraudes du contribuable; je les nie si peu que je me suis appliqué à en déterminer autant que possible l'importance proportionnelle.

Mais j'ai cherché aussi à calculer ce que l'on pourrait presque appeler les fraudes du fisc, ce que j'appellerai seulement ses perceptions abusives. Je ne me pardonnerais pas et vous me pardonneriez moins encore de développer ici ces calculs, déjà publiés ailleurs, mais en voici en deux mots le curieux résultat. C'est qu'aux 6 milliards réellement taxés, il faudrait ajouter environ 600 millions pour dissimulations de matière imposable et évaluations insuffisantes, par la loi elle-même, d'une partie des immeubles ruraux; puis retrancher environ 600 millions pour évaluations exagérées des immeubles urbains et surtout pour taxations de passifs et surtaxations d'usufruits. Il y aurait donc approximativement, très approximativement, compensation entre les majorations et les insuffisances de l'annuité successorale de 6 milliards.

Et j'ai trouvé là la confirmation de ce que m'avait dit, il y a quelques années, un spécialiste haut placé. Je me plaignais à lui de l'iniquité de nos droits de mutation, car c'est mon idée fixe de purifier la loi fiscale des taches qui la déshonorent. Et il me répondait : « Mais ce serait une duperie que de déduire le passif des successions, car c'est cela qui nous rend, presque chiffre pour chiffre, ce que la fraude nous fait perdre. » Il disait vrai, seulement je me demande s'il est bien juste de faire ainsi expier à Pierre les fautes de Paul; c'est comme cela qu'autrefois, quand le Dauphin avait menti, on fouettait ses camarades; mais il serait grand temps de rompre avec de pareilles traditions...

Quoi qu'il en soit, puisqu'il y a, en bloc, compensation entre les 600 millions qu'il faudrait ajouter et les 600 millions qu'il faudrait retrancher, vous voyez que les 205 ou 215 milliards auxquels j'ai évalué le total actuel des fortunes en France n'appellent ni augmentation, ni diminution. C'est là pour moi le chiffre vrai ou du moins le chiffre probable (1).

Maintenant, autre chose est le total des fortunes privées des Français, autre chose la fortune totale de la France. La nation, considérée dans son ensemble, a d'autres intérêts que ceux de ses membres considérés isolément. Voilà, par exemple, les forêts de l'État, les bois communaux, les édifices publics, les routes, les chemins de fer, les musées... Tout cela vaut de l'argent, beaucoup d'argent, et nous n'en avons pas tenu compte. Pour trouver les forêts domaniales dans la masse successorale, il faudrait que l'État fût sujet à mourir, comme vous et moi. Or, l'État ne meurt pas, et les départements non plus, et les communes non plus, et les sociétés non plus.

Et alors ceux qui veulent que la France ait à elle 500 ou 600 milliards, ne fût-ce que pour en demander le partage, vont triompher; ils vont dire : « Nous savions bien qu'il y avait autre chose que vos 200 milliards ! »

Eh bien, non : c'est encore une déception que nous leur réservons ici; car, si inattendu que cela puisse paraître, tenez pour certain que la France, telle que je

---

(1) Les calculs qui se trouvent résumés ici avaient été développés, à divers points de vue, par M. de Foville dans l'*Économiste français* (numéros des 28 décembre 1878, 4 et 18 janvier 1879, 5 novembre 1881; 12 août, 23 septembre et 21 octobre 1882). Ils ont obtenu les précieux suffrages de M. Paul Cauwès, le savant professeur de la Faculté de droit de Paris (*Cours d'économie politique*, 2ᵉ édition, t. II, p. 469). M. le Trésor de la Rocque, ancien conseiller d'État, dans un remarquable rapport présenté à la Société des agriculteurs de France, les accepte également (*l'Agriculture et les Dégrèvements*, 1882, p. 7), en y faisant seulement, et pour cause, une part un peu moindre à la richesse foncière.

viens de la définir, n'est pas plus riche que les Français considérés isolément. La fortune nationale doit même être, tout bien compté, inférieure plutôt que supérieure à la somme des capitaux héréditairement transmissibles. Je crois, Messieurs, pouvoir vous faire partager cette opinion sans entrer pour cela dans de longs calculs.

Voyons effectivement ce qu'apporteraient à la masse ces personnes morales, ces institutions publiques ou particulières dont nos statistiques successorales semblent laisser échapper les biens. Interrogeons d'abord l'État lui-même et demandons-lui ce qu'il a à nous offrir pour grossir nos 210 milliards. Certes, son domaine public et privé ne laisse pas que d'avoir une valeur considérable. Le tableau officiel des propriétés de l'État se résumait comme il suit en 1879 :

	En France.	Hors de France.
Propriétés affectées à des services publics .	2,116 millions.	232 millions.
Forêts de l'État	1,263 —	67 —
Autres biens du domaine privé.	278 —	36 —
	3,657 —	335 —
Ensemble . . .	3,992 millions.	

Voilà donc 4 milliards ; et ce n'est pas tout, car l'addition dont je viens de vous donner le total ne comprend ni le Louvre, ni les cathédrales, ni les routes, ni les canaux, ni la nue propriété des chemins de fer, ni les sables et galets du littoral, ni l'immense mobilier dont l'État est propriétaire, depuis cette table qui vaut bien cent sous jusqu'aux Murillo du Louvre payés 600,000 fr. pièce, et depuis le chassepot du soldat jusqu'aux vaisseaux de guerre de nos flottes.

Nous sommes donc loin de compte avec 4 milliards ; mais doublez, triplez, quadruplez : cela fera 8, 12, 16 milliards. C'est un joli denier, je ne le nie pas. Voici seulement le revers de la médaille. Si l'État nous apporte un actif de 8, 12, 16 milliards, il nous apporte aussi un terrible passif, à savoir la dette publique. La rente française est évidemment une valeur très positive pour le rentier, et c'est pourquoi nous devions la faire figurer dans notre évaluation, quand nous cherchions à déterminer le montant total des fortunes françaises. Mais ce qui est une richesse pour le créancier est tout le contraire d'une richesse pour le débiteur. Et si c'est la fortune nationale que nous voulons chiffrer, il faut retrancher de ce chef, pour les dettes perpétuelle, amortissable et flottante, plus de 25 milliards.

Ainsi l'État doit plus qu'il ne possède. C'est ce qui, pour l'Angleterre, ressort nettement des tableaux de M. Giffen ; c'est ce qui résulte aussi pour la France du chiffre de la dette, opposé à la valeur du domaine de l'État, si large qu'en soit l'estimation.

D'ailleurs, ce résultat s'explique aisément, les emprunts publics ayant plus souvent servi à solder des guerres stériles ou ruineuses qu'à payer de véritables œuvres d'utilité publique. Ainsi l'entrée de l'État dans nos calculs ne pourrait que réduire nos évaluations.

Et si de l'État nous descendons aux départements et aux communes, il en sera de même... Le domaine de la ville de Paris est évalué à un peu plus d'un milliard ; mais ici encore la dette est double de l'actif. Toutes ces additions-là aboutissent donc, en réalité, à des soustractions.

Est-ce la Banque de France qui va grossir nos totaux? La Banque a, je le sais, plus de 2 milliards d'or ou d'argent dans ses caves de Paris ou dans ses caisses de province; mais elle a près de 3 milliards de billets en circulation, et ces billets-là, nous les avons trouvés et comptés dans les portefeuilles des particuliers. Ce serait compter deux fois la même chose que d'additionner la valeur des billets de la Banque avec celle de son encaisse qui en est le gage et qu'ils représentent.

Retournons-nous maintenant du côté des sociétés industrielles, des compagnies de chemins de fer, par exemple. Voilà encore de gros personnages, voilà de vastes domaines; et comme les compagnies de chemins de fer, jusqu'à nouvel ordre, ne meurent pas, leurs réseaux, leurs gares, leurs ouvrages d'art et leur matériel n'ont jamais figuré dans la masse successorale. Est-ce à dire que nous puissions ajouter cela à nos 210 milliards? Non, Messieurs, pas plus que les sacs d'écus de la Banque. Les chemins de fer, il est vrai, n'entrent pas directement dans la composition des annuités successorales; mais les actions et obligations de chemins de fer ne sont que des parts de propriété, et, comme elles font partie des fortunes individuelles, il se trouve que nous avons déjà compté une fois ces milliards-là et que nous les compterions deux fois si nous additionnions, pour chaque compagnie, la valeur de son réseau avec celle des titres qui n'en sont que l'équivalent, mobilisé et négociable.

Vous voyez, Messieurs, que la plupart des éléments dont nous semblions n'avoir point tenu compte sont les uns négatifs, les autres nuls; en sorte que, si les fortunes des Français, les fortunes particulières mises bout à bout, pour ainsi dire, montent à 210 milliards environ, le capital national peut bien n'être que de 200 milliards.

Remarquez d'ailleurs que cela ne fait pas la France pauvre, loin de là. Les 200 milliards que nous lui accordons la font presque aussi riche que l'Angleterre, notablement plus riche que l'Allemagne. 200 milliards, c'est deux fois et demie la valeur de tout l'or et de tout l'argent sortis depuis Christophe Colomb des entrailles de la terre. Il serait ridicule de crier misère avec cela. Mais, d'autre part, 200 milliards, c'est à peine 40 fois nos budgets annuels, à peine 20 fois le devis du programme Freycinet, à peine 10 fois le coût de la guerre franco-allemande et de la Commune! Ces simples rapprochements méritent l'attention de ceux qui croiraient la France assez riche pour payer, outre sa gloire passée et ses revers récents, toutes les fantaisies nouvelles où la générosité des uns, les convoitises ou les passions des autres voudraient l'entraîner.

Quant à ceux qui diraient: « 200 milliards pour 37 millions d'hommes, cela fait toujours plus de 5,000 fr. par tête, et le partage, dans ces conditions, aurait encore du bon », à ceux-là je ferais remarquer, en deux mots, que ces 200 milliards s'évanouiraient bien vite s'ils y mettaient la main. On partage de l'or, de l'argent, du blé..., on ne partage pas la richesse d'un pays, parce que c'est le crédit qui en est l'âme, et qu'en tuant le crédit, on tue la richesse...

J'ai fini, ou du moins j'aurais fini s'il ne me restait à vous remercier, Messieurs, et vous surtout, Mesdames, de votre présence d'abord et, en second lieu, de votre bienveillante et flatteuse attention.

Ce n'est pas en mon nom seul que je vous remercie. La Société de statistique de

Paris vous sait beaucoup de gré d'avoir en si grand nombre répondu à son appel. Lorsque, pour obéir enfin à une prescription longtemps oubliée de nos statuts, nous nous sommes décidés à venir prêcher, à l'ombre des murs de la vieille Sorbonne, une science toujours austère, souvent méconnue, quelquefois raillée, nous pouvions nous demander si nous ne prêcherions pas dans le désert. C'est même pour cela — je vais commettre une indiscrétion, mais je pense qu'elle me sera pardonnée, — c'est pour conjurer ce danger que nous avons pris, pour venir ici, l'ordre que vous avez vu... Dans les processions, quand il y avait des processions, c'étaient les enfants de chœur et les chantres qui marchaient devant, l'évêque ou le curé fermant la marche... Il y aurait eu de notre part imprudence à suivre cet exemple, et nous avons fait tout le contraire. Nous avons mis au premier rang, pour être sûrs et deux fois sûrs de notre avant-garde, d'abord notre maître à tous — ai-je besoin de le nommer? — puis notre cher et éminent Président. Et moi, Messieurs, j'étais tout naturellement le dernier de la liste et je comptais ainsi bénéficier tout au moins des bons souvenirs que vous aurait laissés la voix autorisée de mes savants collègues...

Je devais être le dernier; cependant cette conférence ne sera pas la dernière et je suis chargé de vous le faire savoir.

Il n'y a en toute chose que les premiers pas qui coûtent, et votre bienveillance ayant encouragé nos premiers pas, nous nous sommes décidés à commencer après Pâques une seconde série de cinq conférences, qui se recommandent, vous le verrez, et par l'intérêt des questions inscrites au programme et par la haute compétence de ceux qui ont bien voulu se charger de vous les exposer ici...

A vous donner ce nouveau rendez-vous, la Société de statistique et celui qui a eu aujourd'hui l'honneur de vous parler en son nom trouvent en ce moment l'avantage de pouvoir vous dire, non pas: « Adieu », mais: « Au revoir ! »